DHAI AAKHAR

Adhoora Hokar Bhi Poora

Sangeeta Patidar

Woven Words Publishers OPC Pvt. Ltd.

Registered Office:

Vill: Raipur, P.O: Raipur Paschimbar,

Dist: Purba Midnapore, Pin: 721401,

West Bengal, India.

www.wovenwordspublishers.in

Email: editor@wovenwordspublishers.in

First published by Woven Words Publishers OPC Pvt. Ltd., 2018

Copyright© Sangeeta Patidar, 2018

POETRY

ISBN 13: 978-93-86897-15-2

ISBN 10: 9386897156

Price: ₹ 130.00

Printed and bound in India

उनके लिये,

जिनके हाथों में 'ढाई आखर' है

और

उस रंग-बिरंगी तितली

के लिये, जो मुझे ये एहसास कराती है,

कि जिन्दगी बहुत खूबसूरत है.

ACKNOWLEDGEMENT

First of all thanks to the almighty, thanks to my family for being the constant support throughout the journey of this book. Thanks to my Grandfather for his love and blessings. Thanks to Jeevan Yadaw Ji, my friends and also to my foes, to guardian angels for always giving me the hope to live my life to the fullest. And last but not the least thanks to Woven Words Publishers for making this dream a reality.

AUTHOR

Sangeeta an MBA graduate from Bhopal. Her humble origin taught her a lot about life experience which she began to express in form of poetry, this passion for poetry resulted in **"Ehsaas-Dil Se Dil Ki Baat"** her debut in writing a collection of poems about love, passion, longing and pain and second book is **"42 Days"** this novel is again collaboration with an interesting take on storytelling through prose and poems.

In her leisure time she takes to social media to express herself.

She can be contacted at:
patidar.sangeeta@gmail.com
www.facebook.com/patidar.sangeeta
www.facebook.com/Ehsaas-Dil-Se-Dil-Ki-Baat-465981477085551/
www.facebook.com/Emotional.Alphabets

PREFACE

'ढाई आखर' जो कि 'प्यार' है, एक ऐसा काला जादू , जिसने हर किसी को छुआ है, कोई बता देता है, तो कोई छुपा जाता है. किताबों में कहीं ना कहीं, किसी का वो 'सूखा फूल', अब भी छिपा हुआ है, तो किसी के खत का वो फटा हुआ हिस्सा, अब भी कोई सँभाले हुये है. किसी की कोई निशानी, गले में बाँधे घूम रहा, तो कोई कलाई में पिरोये. कोई किसी का साथ पाकर खुश है, तो कोई किसी को सिर्फ याद करके.

अपने लगाव को पा लेना, किसी के लिये बहुत नेमत हो जाती है, तो किसी के लिसे उसे खो देना, सबसे बड़ा अभिशाप.

और इन सबके बीच, सबसे बड़ी मजेदार बात ये है, कि आप ये सब किसी से कह नहीं सकते, क्योंकि इन बातों को कहना जितना आसान होता है, समझाना उतना ही मुश्किल. कभी किसी का प्यार पूरा हो जाता है, तो कभी किसी का अधूरा. इस ढाई आखर के सामने सब फीका पड़ जाता है, जो कभी पसंद भी नहीं होता वो भा जाता है और जो भाता था वो रास नहीं आता. जब जिन्दगी में प्यार नहीं होता, तब जिन्दगी उतनी ही रूखी व बेजान लगती है, जिन्दगी के कुछ लम्हें ही सही, अगर इन ढाई आखरों से छू भी जाए, तो जिन्दगी महक उठती है, और जिन्दगी को एक मकसद मिल जाता है.

पलटिये 'ढाई आखर' के पन्नों को और महसूस कीजिये, कि ढाई आखर अधूरे होकर भी कैसे पूरे होते हैं, कैसे जिन्दगी को गुल की तरह महका जाते हैं और कैसे जरा सा दर्द भी पूरी दुनिया से बेजार कर देता है.

'ढाई आखर'... अधूरा होकर भी पूरा, हमेशा जिन्दगी में... दिल के करीब... एक खूबसूरत एहसास के जैसे... एक खूबसूरत याद बनकर.

तू-मैं, 'हम' हैं..

तू-मैं, 'हम' हैं,
इसलिए ये प्यार का एहसास भी है,
'तू-मैं-मैं-तू' में रहता,
तो कब का बिखर गया होता ।

अच्छाई है तो कुछ बुराई भी,
क्योंकि हम 'खुदा' नहीं,
दूर हैं तो दिल के करीब भी,
क्योंकि हम 'जुदा' नहीं,
तू-मैं, 'साथ' हैं,
इसलिए ऐतबार का एहसास भी है,
'तू-मैं-मैं-तू' में रहता,
तो कब का बिखर गया होता ।

तुझमें 'मैं', मुझमें 'तू' हैं गूँथे,
साँसों के ताने-बाने से,
एक के बिना, दूजा नहीं,
'राधा-श्याम' के नामों से,
तू-मैं, 'हमदर्द' हैं,

इसलिए इंतजार का एहसास भी है,
'तू-मैं-मैं-तू' में रहता,
तो कब का बिखर गया होता।

तू-मैं, 'हम' हैं,
इसलिए ये प्यार का एहसास भी है,
'तू-मैं-मैं-तू' में रहता,
तो कब का बिखर गया होता।

सतरंगी लिबास...

चलो, अल्फाजों को रंग-बिरंगे
सतरंगी लिबास ओढ़ा दे,
शायद, इन खामोशियों को भी
थोड़ा सुकून मिल जाए।

'हाँ, हम्म्म...' से ज्यादा,
अब यह बात भी करती नहीं है,
जरूरतों के हिसाब से,
अब ये लफ्जों में ढलती नहीं है,
चलो, ख्वाबों को रंग-बिरंगे
सतरंगी एहसास ओढ़ा दे,
शायद, इन खामोशियों को भी
थोड़ा सुकून मिल जाए।

थकती भी नहीं ये,
जाने कौन-सा हुनर इन्होंने पाया है,
बोलती भी नहीं ये,
जाने कौन-सा दर्द इन्होंने दबाया है,
चलो, यादों को रंग-बिरंगे
सतरंगी 'पल-खास' ओढ़ा दे,

शायद, इन खामोशियों को भी
थोड़ा सुकून मिल जाए।

चलो, अल्फाजों को रंग-बिरंगे
सतरंगी लिबास ओढ़ा दे,
शायद, इन खामोशियों को भी
थोड़ा सुकून मिल जाए।

क्या इन्तजाम करे कोई...

'खामोशी' का क्या मतलब निकाले कोई,
'जवाब' न मिले तो क्या सवाल करे कोई,
हाँ, जरूरी नहीं 'चुप लफ्जों' का बोलना,
गर दिल न माने तो क्या इन्तजाम करे कोई।

सही-गलत का फैसला, बस की बात कहाँ,
समझे हाल-ए-दिल, मुझमें वो जज्बात कहाँ,
हाँ, जरूरी नहीं 'बीती बातों' का छेड़ना,
गर दिल न माने तो क्या इन्तजाम करे कोई।

धुँध न छटे तो साफ-साफ नजर नहीं आता,
गलतफहमी रहे तो, प्यार नजर नहीं आता,
हाँ, जरूरी नहीं 'कहे अल्फाजों' का मरोड़ना,
गर दिल न माने तो क्या इन्तजाम करे कोई।

नाम अपना दे आई हूँ मैं...

मन्नत के धागों में,
एक दुआ और बाँध आई हूँ मैं,
तेरी जिंदगी के मकसद में,
नाम अपना दे आई हूँ मैं।

मेरी थकान का ठिकाना,
अब तेरा ही आँगन होगा,
मेरी रातों के सुकून में भी,
अब तेरा ही दामन होगा,
लोगों के सवालों में,
एक सवाल और जोड़ आई हूँ मैं,
तेरी जिंदगी के मकसद में,
नाम अपना दे आई हूँ मैं।

तू साथ नहीं,
फिर भी तेरे ख्याल मंजिल तक ले जाएँगे,
मैं बूझ न पाऊँ जो कुछ,
वो ढूँढ के हल तक ले आएँगे,

हौंसलों की उड़ान में,
एक आसमां और छू आई हूँ मैं,
तेरी जिंदगी के मकसद में,
नाम अपना दे आई हूँ मैं ।

आजाद कर लिया है खुद को
मैंने झूठी बेड़ियों से,
खरीद लिए कुछ हसीन सपने,
मैंने हठी कौड़ियों से,
यादों की संदूक में,
एक लम्हा और संभाल आई हूँ मैं,
तेरी जिंदगी के मकसद में,
नाम अपना दे आई हूँ मैं ।

मन्नत के धागों में,
एक दुआ और बाँध आई हूँ मैं,
तेरी जिंदगी के मकसद में,
नाम अपना दे आई हूँ मैं ।

बेवज़ह ही...

जब तुम सुनना चाहते थे तब सुनाया नहीं,
अब बेवज़ह ही मैं तुम्हें परेशान करती हूँ,
अब बेफ़िज़ूल ही... तुम्हारा वक्त ज़ाया...,
और यूँ ही अपने एहसास बयां करती हूँ।

जाने कैसे मेरी कुछ शरारती-नादान सी
गुस्ताख़ियाँ, गलतफ़हमियों में बदल गई,
जाने कैसे, फिर मेरी 'तुम सी' जिन्दगी,
यूँ वक्त के फेरे में... दूरियों में बदल गई,
जब तुम जताना चाहते थे तब सुना नहीं,
अब बेवज़ह ही तुम्हें परेशान करती हूँ,
अब बेफ़िज़ूल ही... तुम्हारा वक्त जाया...,
और यूँ ही अपने एहसास बयां करती हूँ।

बहुत ज्यादा भी तो नहीं माँगा था कभी,
फिर भी ख़्याली उम्मीदों का ढेर लगा लिया,
छोटी-छोटी खुशियों की उन हसरतों पर,
जैसे बड़ी-बड़ी हदों का मुंडेर लगा दिया,
जब तुम देना चाहते थे तब लिया नहीं,
अब बेवज़ह ही मैं तुम्हें परेशान करती हूँ,

अब बेफ़िज़ूल ही… तुम्हारा वक्त ज़ाया…,
और यूँ ही अपने एहसास बयां करती हूँ।

जब तुम सुनना चाहते थे तब सुनाया नहीं,
अब बेवज़ह ही मैं तुम्हें परेशान करती हूँ,
अब बेफ़िज़ूल ही… तुम्हारा वक्त ज़ाया…,
और यूँ ही अपने एहसास बयां करती हूँ।

मैं तुमसे प्यार...

गर.. चंद अल्फाजों का कहना ही प्यार है,
गर.. 'दो लफ्ज' छोड़ बाकी सब बेकार है,
एहसास और फिक्र नहीं, अल्फाज जरूरी,
तो.. हाँ.. 'मैं तुमसे प्यार करती हूँ', कहती हूँ।

गर.. फुरसत के पल सिर्फ तेरे, ये प्यार नहीं,
गर.. जहन में ख्याल सिर्फ तेरे, ये प्यार नहीं,
वक्त और जिक्र नहीं, अल्फाज जरूरी,
तो.. हाँ.. 'मैं तुमसे प्यार करती हूँ', कहती हूँ।

गर.. 'आँसूओं' से साँसें थम जाना प्यार नहीं,
गर..'मुस्कुराहटों' से मर्ज खत्म होना प्यार नहीं,
साथ और मुलाकात नहीं, अल्फाज जरूरी,
तो.. हाँ.. 'मैं तुमसे प्यार करती हूँ', कहती हूँ।

रोज सोचती हूँ...

रोज सोचती हूँ कि अपने जज्बात बयां कर दूँ,
एहसासों की पिटारी से वो हर बात बयां कर दूँ,
मगर फिर... तेरे 'आँसू' का ख्याल आ जाता है,
जो दर्द के साथ खुशी में भी दौड़ा चला आता है।

ऐसा नहीं है कि मुझे तेरी बातों की फिक्र नहीं है,
मैं खामोश हूँ.. तो तेरे जज्बातों की कद्र नहीं है,
रोज सोचती हूँ कि अपने हालात बयां कर दूँ,
मगर फिर, तेरे 'वक्त' का ख्याल आ जाता है,
जो फुरसत के पल भी उड़ा के चला जाता है।

जुबां.. दिल की बात, लफ्जों में ढाल नहीं पाती,
'मेरा भी कोई' की खुशी, साँसें संभाल नहीं पाती,
रोज सोचती हूँ कि अपने ये लम्हात बयां कर दूँ,
मगर फिर... तेरे 'दर्द' का ख्याल आ जाता है,
जो मेहमां जैसे बेवक्त भी अड़ा चला आता है।

रोज सोचती हूँ कि अपने जज्बात बयां कर दूँ,
एहसासों की पिटारी से वो हर बात बयां कर दूँ,
मगर फिर... तेरे 'आँसू' का ख्याल आ जाता है,
जो दर्द के साथ खुशी में भी दौड़ा चला आता है।

मेरे बिना...

याद नहीं अब कुछ, हँस के कहता कोई,
मेरे बिना... बड़े सुकून से रहता है कोई ।

वक्त का तकाजा भी समझा करो यार,
खामोशियों को ही बूझ लिया करो यार,
दुनियादारी जरूरी, बहला के जाता कोई,
मेरे बिना... बड़े सुकून से रहता है कोई ।

फुर्सत कहाँ, अब जहन में आते भी नहीं,
'हाँ, हम्म्म्म' से आगे होती बातें भी नहीं,
'मैं' 'मैं ही क्यों', बहाने से दूर रहता कोई,
मेरे बिना... बड़े सुकून से रहता है कोई ।

नर्म लफ्ज भी अब मर्ज की दवा कहाँ रहे,
दर्द ही नहीं जब तो फिर ये दुआ कहाँ रहे,
दिल लगाओ कहीं, मुफ्त सलाह देता कोई,
मेरे बिना... बड़े सुकून से रहता है कोई ।

याद नहीं अब कुछ, हँस के कहता कोई,
मेरे बिना... बड़े सुकून से रहता है कोई।

तेरे आँसू...

न जाने कितने कैद अफसाने बयां हो जाते हैं,
बहते हैं जब लफ्जों से ज्यादा यह तेरे 'आँसू' ।

दिल को फिक्र तेरी मगर जुबां कुछ कहती नहीं,
गुम सी रहती धड़कन जब कभी तू दिखती नहीं,
न जाने कितने अल्हड़ बहाने आजाद हो जाते हैं,
बहते हैं जब लफ्जों से ज्यादा यह तेरे 'आँसू' ।

उदासी की वजह कम नहीं, फिर भी मुस्कुराता हूँ,
तेरे लबों की हँसी में, मैं जब खुद को देख लेता हूँ,
न जाने कितने नादान ख्याल सयाने हो जाते हैं,
बहते हैं जब लफ्जों से ज्यादा यह तेरे 'आँसू' ।

तेरी एक खुशी के लिए, मैं खुदा से भिड़ जाऊँ,
तेरी सलामती के लिए, मैं खाक में मिल जाऊँ,
न जाने कितने मेरे अपने, बेगाने हो जाते हैं,
बहते हैं जब लफ्जों से ज्यादा यह तेरे 'आँसू' ।

न जाने कितने कैद अफसाने बयां हो जाते हैं,
बहते हैं जब लफ्जों से ज्यादा यह तेरे 'आँसू' ।

इश्क का रंग...

दिल-ए-दीवार पर,
तेरे इश्क का रंग इस कदर चढ़ा है,
कि जर्रा-जर्रा मुझसे,
इस रंग का सबब पूछता है।

तुझसे मिलने के पहले,
बेरंग और बेनूर थी मेरी जिंदगी,
दुआओं में वजह नहीं थी,
खुदा से दूर थी मेरी बन्दगी,
मेरे इश्क-ए-दुआ पर,
तेरे इश्क का रंग इस कदर चढ़ा है,
कि जर्रा-जर्रा मुझसे,
इस रंग का सबब पूछता है।

तेरे रंग के सामने,
दुनिया के तमाम रंग फीके पड़ गए,
सबसे खूबसूरत कौन,
इस होड़ में फिर सारे लड़ गए,
मेरी तख्ती-ए-रूह पर,
तेरे इश्क का रंग इस कदर चढ़ा है,

कि जर्रा-जर्रा मुझसे,
इस रंग का सबब पूछता है।

दिल-ए-दीवार पर,
तेरे इश्क का रंग इस कदर चढ़ा है,
कि जर्रा-जर्रा मुझसे,
इस रंग का सबब पूछता है।

मुझसा कोई नहीं था...

जब साथ थे तो ऐसे थे,
जैसे मुझसा कोई नहीं था,
अब भूले हो तो ऐसे,
जैसे मेरा कोई वजूद नहीं था ।

लम्हें-लम्हें से उठता था धुँआ,
सुलगते एहसासों का,
अरदास सी भीनी खूशबू थी,
था वो साथ साँसों का,
जब करीब रखा तो ऐसे,
जैसे मुझसा कोई नहीं था,
अब भूले हो तो ऐसे जैसे,
मेरा कोई वजूद नहीं था ।

बात-बात पर,
हक और शक की कोई होड़ नहीं थी,
ऐसी सीधी-सादी राहें थीं,
उसमें कोई मोड़ नहीं थी,
जब अपनाया था तो ऐसे,
जैसे मुझसा कोई नहीं था,

अब भूले हो तो ऐसे जैसे,
मेरा कोई वजूद नहीं था।

जब साथ थे तो ऐसे थे,
जैसे मुझसा कोई नहीं था,
अब भूले हो तो ऐसे जैसे,
मेरा कोई वजूद नहीं था।

एहसास के लिहाज से...

मैं अपने 'हक' की,
कुछ हिस्सेदारी कम कर रही हूँ,
कुछ 'एहसास' के लिहाज से,
तो कुछ फिक्र मंदी में..।

अनकहा लफ्ज-लफ्ज,
दिल के संदूक में बंद कर दूँगी,
उम्मीद की उम्मीदें भी,
उसकी गहराई में दफन कर दूँगी,
मैं अपने 'वक्त' की,
कुछ फुरसतें भी कम कर रही हूँ,
कुछ 'एहसास' के लिहाज से,
तो कुछ फिक्र मंदी में..।

रिश्ते में जमी है जो धूल,
वो है गलतफहमी के पैरों की,
'अपना' होकर दूर न की,
तो गलती भी नहीं है गैरों की,
मैं अपने 'दर्द' की,

कुछ राहतदारी कम कर रही हूँ,
कुछ 'एहसास' के लिहाज से,
तो कुछ फिक्र मंदी में..।

मैं अपने 'हक' की,
कुछ हिस्सेदारी कम कर रही हूँ,
कुछ 'एहसास' के लिहाज से,
तो कुछ फिक्र मंदी में..।

रूठने मनाने में...

लफ्ज बहुत दर्द देते हैं,
इसलिए खामोशी ओढ़े बैठे हैं,
कम्बख्त दूरियाँ भी सर उठाती हैं,
इस रूठने मनाने में ।

हक की माँग हो,
तो हिस्सेदारियाँ भी तिलमिलाती हैं,
वक्त 'हमारा' हो तब भी,
किस्मत वक्त आजमाती है,
'हम' बहुत मोलभाव करते हैं,
इसलिए 'मैं' में अड़े हैं,
कम्बख्त दूरियाँ भी सर उठाती हैं,
इस रूठने मनाने में ।

अपने से अपनापन चाहूँ,
तब भी गुनाहगार ही कहलाऊँ,
कुछ न माँग के चलना चाहूँ,
तब भी 'गलत' ही ठहराऊँ,
'भाव' बहुत रुलाते हैं,

इसलिए बदलाव में अटके पड़े हैं,
कम्बख्त दूरियाँ भी सर उठाती हैं,
इस रूठने मनाने में ।

लफ्ज बहुत दर्द देते हैं,
इसलिए खामोशी ओढ़े बैठे हैं,
कम्बख्त दूरियाँ भी सर उठाती हैं,
इस रूठने मनाने में ।

खुदगर्ज बना दिया...

खुदगर्ज बना दिया है,
इन बेहिसाब ख्वाहिशों ने भी,
एक प्यासे को, कोई और प्यासा,
प्यासा नहीं लगता ।

उठती ही जा रही है,
दीवार दर दीवार आँगन के बीच,
दुनियादारी में फँसा इंसान,
अब समझौता नहीं करता ।

शिकायतें हैं कि आखिरी साँस तक,
खत्म ही नहीं होती,
मोहब्बत तो बहुत है मगर,
दिल का भी दिल नहीं लगता ।

ए खुदा, अब तू दर्द को भी
'पैरों' से नवाज क्यों नहीं देता,
थककर बैठ जाए यह भी कभी,
यह कभी हारा नहीं लगता ।

खुदगर्ज बना दिया है,
इन बेहिसाब ख्वाहिशों ने भी,
एक प्यासे को, कोई और प्यासा,
प्यासा नहीं लगता।

तेरा हाथ थामकर...

बात यहाँ दुनियादारी की नहीं,
हमारे जज्बात की है,
तेरा हाथ थामकर,
पीछे-पीछे चलना अच्छा लगता है।

हक हो, वजूद हो,
मेरा सब कुछ तो तेरे साथ ही है न,
मैं हूँ, जैसी भी हूँ,
मेरा सारा संसार तेरे साथ ही है न,
बात यहाँ हिस्सेदारी की नहीं,
हमारे ख्यालात की है,
तेरा हाथ थामकर,
पीछे-पीछे चलना अच्छा लगता है।

घूँघट में रहूँ या रहूँ ऊँचाई में,
तेरा ही तो मैं मान हूँ न,
नाम, साथ हो या मेरे नाम के पीछे,
तेरा सम्मान हूँ न,
बात यहाँ जिम्मेदारी की नहीं,
हमारे लम्हात की है,
तेरा हाथ थामकर,

Dhai Aakhar, Sangeeta

पीछे-पीछे चलना अच्छा लगता है।

'मर्द' 'औरत',
यह तो जमाने के बुने हुए जंजाल हैं,
'मायने' क्या रखता है,
बस यही तो कुछ सवाल हैं,
बात यहाँ तरफदारी की नहीं है,
हमारे 'साथ' की है,
तेरा हाथ थामकर,
पीछे-पीछे चलना अच्छा लगता है।

बात यहाँ दुनियादारी की नहीं,
हमारे जज्बात की है,
तेरा हाथ थामकर,
पीछे-पीछे चलना अच्छा लगता है।

तुम्हारे साथ होकर भी...

तुम्हारे साथ होकर भी,
दिल कुछ बयां क्यों नहीं करता?
तुम्हारी सुनने में,
ये अपने जज़्बात बयां क्यों नहीं करता?

फुरसत से आते हो,
फिर होकर भी, तुम क्यों नहीं होते?
जरूरत नहीं, जिंदगी हो मेरी,
फिर भी तुम क्यों नहीं होते?
बातें कर के भी,
दिल अपने हालात बयां क्यों नहीं करता?
तुम्हारी सुनने में,
ये अपने जज़्बात बयां क्यों नहीं करता?

तुम्हें इल्म ही नहीं,
या तुम्हारे पास कोई इल्जाम है मेरे लिए?
जहन में मेरा नाम नहीं,
या कोई 'लफ्ज' बदनाम है मेरे लिए?
'हाँ' सुनके भी,
दिल अपनी कशमकश बयां क्यों नहीं करता?
तुम्हारी सुनने में,

ये अपने जज़्बात बयां क्यों नहीं करता?

तुम्हारे साथ होकर भी,
दिल कुछ बयां क्यों नहीं करता?
तुम्हारी सुनने में,
ये अपने जज़्बात बयां क्यों नहीं करता?

लोग तो लोग हैं...

लोग तो लोग हैं,
सदियों से वैसे ही बेजान ठूँठ से खड़े,
इस स्वार्थी भीड़ में भी तुम,
अपना वजूद बनाए रखना।

सब बदला हुआ पाओगे,
जो जिन्दगी देखोगे करीब से,
क्या अपना-पराया,
तुम चेहरे तमाम पाओगे अजीब से,
लोग तो लोग हैं,
खामोश लफ्जों का किस्सा लिए खड़े,
इस हेराफेरी की दुनिया में,
तुम अपना वजूद बनाए रखना,
लोग तो लोग हैं,
सदियों से वैसे ही बेजान ठूँठ से खड़े,
इस स्वार्थी भीड़ में भी तुम,
अपना वजूद बनाए रखना।

सच-झूठ की माया,
दिल की जगह दिखती सुंदर काया है,
भीतर फरेब उलझा खड़ा,

बाहरी शान से जग भरमाया है,
लोग तो लोग हैं,
अपनेपन के पीछे भी खंजर छुपाए खड़े,
इस देखे अनदेखे सायों में,
तुम अपना वजूद बनाए रखना,
लोग तो लोग हैं,
सदियों से वैसे ही बेजान ठूँठ से खड़े,
इस स्वार्थी भीड़ में भी तुम,
अपना वजूद बनाए रखना।

माटी का तन,
कब तक बनावटी श्रृंगार से वो ढक पाएंगे,
खुदा के इंसाफ से,
कब तलक फिर वो भी यूँ बच पाएंगे,
लोग तो लोग हैं,
अच्छाई में से भी बुराई का ज्ञान लेके खड़े,
इस खोखले रंगमंच में भी तुम,
अपना वजूद बनाए रखना,
लोग तो लोग हैं,
सदियों से वैसे ही बेजान ठूँठ से खड़े,
इस स्वार्थी भीड़ में भी तुम,
अपना वजूद बनाए रखना।

रिश्ता तो 'हमारा' है न...

क्या 'तेरा' है, क्या 'मेरा' है,
अपने रिश्ते के अनुबंध में,
सब बटा-बटा सा क्यों भला,
ये रिश्ता तो 'हमारा' है न?

मिले हाथ जो,
तो कौन सी तरफ की लकीर तेरी होगी?
साथ चले जो कभी,
तो फिर कौन सी तरफ तेरी होगी?
क्या 'तेरा' है, क्या 'मेरा' है,
अपने एहसास के संबंध में,
सब बटा-बटा सा क्यों भला,
ये रिश्ता तो 'हमारा' है न?

आसमां मिले तो तू रख लेना,
जमी पर मुझे रहने देना,
खुशी मिले तो तू मिल लेना,
हर गम पर मुझे रोने देना,
क्या 'तेरा' है, क्या 'मेरा' है,

अपनी जिन्दगी के निबंध में
सब बटा-बटा सा क्यों भला,
ये रिश्ता तो 'हमारा' है न?

क्या 'तेरा' है, क्या 'मेरा' है,
अपने रिश्ते के अनुबंध में,
सब बटा-बटा सा क्यों भला,
ये रिश्ता तो 'हमारा' है न?

आदत हो गई है...

तेरे साथ होकर भी,
तेरा इंतजार करने की आदत हो गई है,
साथ होकर भी,
तन्हा खुद से बात करने की आदत हो गई है।

खामोश लम्हों से ज्यादा अच्छे,
बाद के यादों के लम्हें होते हैं,
तब तुम होकर भी नहीं होते,
और यादों के लम्हें मेरे ही होते हैं,
तेरे साथ चल कर भी,
अब अजनबियों सी ही आदत हो गई है,
साथ होकर भी,
तन्हा खुद से बात करने की आदत हो गई है।

बात करते हो जब मुझसे,
खुद को ढूँढती ही रह जाती हूँ मैं,
मिल जाता है सारा जहाँ,
बस खुद को ही ढूँढ नहीं पाती हूँ मैं,
तेरे साथ हँसकर भी,

तेरे लिए सिसकने की आदत हो गई है,
साथ होकर भी,
तन्हा खुद से बात करने की आदत हो गई है।
तेरे साथ होकर भी,
तेरा इंतजार करने की आदत हो गई है,
साथ होकर भी,
तन्हा खुद से बात करने की आदत हो गई है।

काश इस तरह...

काश इस तरह वाकिफ हो,
तू मेरे दिल के जज़्बातों से,
बयां करूँ लफ्ज ही लफ्ज,
तुझ तक मेरे एहसास पहुँचे।

बिखर न जाए कहीं,
कतरा-कतरा होकर मेरी हसरतें भी,
बड़ी मुश्किल से सँवारी हुई,
ये हमारे दिल की इमारतें भी
काश इस तरह मुखातिब हो,
तू मेरे दिल की उम्मीदों से,
बयां करूँ लफ्ज ही लफ्ज,
तुझ तक मेरे एहसास पहुँचे।

कई बार जुबां भी,
हाल-ए-दिल बयां नहीं कर पाती है,
जाने कितने अनकहे लफ्ज भी,
यह जता नहीं पाती है,
काश इस तरह शरीफ हो,

तू मेरे दिल की मासूमियत से,
बयां करूँ लफ्ज ही लफ्ज,
तुझ तक मेरे एहसास पहुँचे ।

काश इस तरह वाकिफ हो,
तू मेरे दिल के जज्बातों से,
बयां करूँ लफ्ज ही लफ्ज,
तुझ तक मेरे एहसास पहुँचे ।

सूखा गुलाब...

पुरानी किताब में बरसों बाद,
एक सूखा गुलाब मिला,
जिंदगी महका गया,
तेरी यादों का इत्र एक बार फिर।

सोचा भी न था कभी,
फिर इस तरह कोई लम्हा मिलेगा,
हक न रहा जिस पे अब,
फिर उसका कोई गवाह मिलेगा,
पुराने पन्नों में बरसों बाद,
सवाल का एक जवाब मिला,
जिंदगी महका गया,
तेरी यादों का इत्र एक बार फिर।

ताजा कर दिए सूखे गुलाब ने,
जाने कितने एहसासों को,
एक नई उम्मीद सी दे दी,
दबे भूले बिसरे उन दिलासों को,
पुरानी यादों में बरसों बाद,
उमड़ता एक सैलाब मिला,

जिंदगी महका गया,
तेरी यादों का इत्र एक बार फिर।

पुरानी किताब में बरसों बाद,
एक सूखा गुलाब मिला,
जिंदगी महका गया,
तेरी यादों का इत्र एक बार फिर।

जिंदगी नाम दे दिया...

तुझे शिकायत है मुझसे,
मैंने तुझे कभी कोई 'नाम' नहीं दिया,
दूर कर लेना सारे शिकवे गिले,
मैंने तुझे 'जिंदगी' नाम दे दिया।

हाँ, मैंने ही कहा है हमेशा,
एहसास जताना जरूरी होता है,
किया है किसी पर ऐतबार,
तो उसे अपनाना जरूरी होता है,
तुझे शिकायत है मुझसे,
मैंने तुझे कभी कोई 'जवाब' नहीं दिया
दूर कर लेना सारे शिकवे गिले,
मैंने तुझे 'तू ही' जवाब दे दिया।

खामोशियों में प्यार छुपा,
मगर अल्फाज भी बहुत जरूरी है,
अनकही बातों में डर छुपा,
मगर अंदाज भी बहुत जरूरी है,
तुझे शिकायत है मुझसे,

मैंने तुझे कभी कोई 'लम्हा' नहीं दिया,
दूर कर लेना सारे शिकवे गिले,
मैंने तुझे 'खास' लम्हा दे दिया ।

तुझे शिकायत है मुझसे,
मैंने तुझे कभी कोई 'नाम' नहीं दिया,
दूर कर लेना सारे शिकवे गिले,
मैंने तुझे 'जिंदगी' नाम दे दिया ।

खुद को भूल जाती हूँ...

एहसास जब कुछ कहते हैं,
मैं सब कुछ भूल जाती हूँ,
बस एक तुम याद रहते हो,
मैं खुद को भूल जाती हूँ।

तुम्हें कुछ कहने से पहले,
मैं आईने से बातें करती हूँ,
मगर तुमसे रूबरू होती हूँ,
मैं खुद को भूल जाती हूँ।

तुम्हें याद करके,
जाने कितनी बार रूठती-मानती हूँ,
बस तुम्हारी आहट होती है,
मैं खुद को भूल जाती हूँ।

दिल को तसल्ली देती हूँ,
मैं ही मैं तो बसती हूँ तुममें,
जब तुम कहते हो ऐसा,
फिर मैं खुद को भूल जाती हूँ।

लफ्ज, लम्हा या हो जज्बात,
तुम्हारे सिवा कोई नहीं है,
तुम में जब पाती हूँ खुद को,
मैं खुद को भूल जाती हूँ।

ख्वाहिशें इतनी हैं कि वो
ख्वाबों में तब्दील हो जाती है,
जब ख्वाब होता है साकार,
मैं खुद को भूल जाती हूँ।

एहसास जब कुछ कहते हैं,
मैं सब कुछ भूल जाती हूँ,
बस एक तुम याद रहते हो,
मैं खुद को भूल जाती हूँ।

'अगर' 'मगर'

यह 'अगर' 'मगर' ने भी
क्या खूब रिश्तों को संभाला है,
इजाफे हुए हैं दिन ब दिन
वक्त ए फुर्सत की परतों पर ।

एक एहसास के बदले,
जाने कितने 'मगर' सयाने हो गए,
जज्बातों का क्या मोल अब,
वो तो सब पुराने हो गए,
यह 'आज' 'कल' ने भी क्या
खूब उम्मीदों को टाला है,
इजाफे हुए हैं दिन ब दिन
वक्त ए फुर्सत की परतों पर ।

अपनी सुनाने में अपना ही कोई,
पीछे छूटता चला गया,
फिक्र न धुनी गई उनसे,
तो फिर कोई रूठता चला गया,
यह 'तेरी' 'मेरी' ने भी

क्या खूब सरहदों को पाला है,
इजाफे हुए हैं दिन ब दिन
वक्त ए फुर्सत की परतों पर।

यह 'अगर' 'मगर' ने भी
क्या खूब रिश्तों को संभाला है,
इजाफे हुए हैं दिन ब दिन
वक्त ए फुर्सत की परतों पर।

तुम में कितनी 'मैं' हूँ...

खुद को खुद की औकात बताने के लिए,
तुम में कितनी 'मैं' हूँ ये समझाने के लिए,
थोड़ी बहुत गुस्ताखियाँ तो करनी पड़ेंगी,
सब में कितनी 'मैं' हूँ ये आजमाने के लिए..

वक्त-वेवक्त पर कितनी हकदारी है मेरी,
दिली दुनियादारी में कितनी हिस्सेदारी है मेरी,
खुद को खुद की कोई नसीहत देने के लिए,
उम्मीद में कितनी 'मैं' हूँ ये जानने के लिए,
थोड़ी बहुत गुस्ताखियाँ तो करनी पड़ेंगी,
सब में कितनी 'मैं' हूँ ये आजमाने के लिए..

जुबां पर हूँ या ख्वाहिशों में भी रहती हूँ,
सामने ही हूँ या यादों में भी महकती हूँ,
खुद को खुद का आईना दिखाने के लिए,
हकीकत में कितनी 'मैं' हूँ ये बूझने के लिए,
थोड़ी बहुत गुस्ताखियाँ तो करनी पड़ेंगी,
सब में कितनी 'मैं' हूँ ये आजमाने के लिए..

गुनाहगार...

तेरे बुने हुए जवाबों में,
अक्सर गुनाहगार हो जाती हूँ मैं,
जैसे आँख का कोई तारा टूट कर,
जमी पर आ गिरा हो।

जितनी लम्बी खामोशी,
उतने ही गहरे दिल के एहसास,
कुछ न कह कर भी,
सब कुछ पूछते हैं दिल के एहसास,
तेरे चुने हुए अल्फाजों में,
अक्सर गुनाहगार हो जाती हूँ मैं,
जैसे आँख का कोई तारा टूट कर,
जमी पर आ गिरा हो।

आदत बदली जा सकती है,
इबादत नहीं बदलती कभी,
चाहत बदली जा सकती है,
शिद्दत नहीं बदलती कभी,
तेरे धुनें हुए लम्हों में,
अक्सर गुनाहगार हो जाती हूँ मैं,

जैसे आँख का कोई तारा टूट कर,
जमी पर आ गिरा हो ।

कहने और करने में,
अजीज और चीज का फासला है,
कितनी शिद्दत, कितनी मुद्दत,
बस इस बात का मसला है,
तेरे भुने हुए ख्यालों में,
अक्सर गुनाहगार हो जाती हूँ मैं,
जैसे आँख का कोई तारा टूट कर,
जमी पर आ गिरा हो ।

तेरे बुने हुए जवाबों में,
अक्सर गुनाहगार हो जाती हूँ मैं,
जैसे आँख का कोई तारा टूट कर,
जमी पर आ गिरा हो ।

वो परवाह कर रहे हैं...

लोग जो इतनी आलोचना कर रहे हैं,
इसका मतलब वो परवाह कर रहे हैं,
दुनियादारी का लिहाफ ओढ़ के सही,
वो कुछ तो अपना काम कर रहे हैं ।

रोशन चिराग तले भी अंधेरा होता है,
दूसरों के लिए वो एक सवेरा होता है,
लोग जो इतना तमाशा सा कर रहे हैं,
इसका मतलब वो परवाह कर रहे हैं,
दुनियादारी का लिहाफ ओढ़ के सही,
वो कुछ तो अपना काम कर रहे हैं ।

खुशी के साथ दर्द का भी रिश्ता है,
थोड़ा साथ दे वो भी तो फरिश्ता है,
लोग जो इतनी अफवाह फैला रहे हैं,
इसका मतलब वो परवाह कर रहे हैं,
दुनियादारी का लिहाफ ओढ़ के सही,
वो कुछ तो अपना काम कर रहे हैं ।

जमी पे न सही, ऊँचाई पर तो मिलेंगे,

मेरे 'वो अपने' कभी जरूर तो मिलेंगे,

लोग जो इतना शोर सा कर रहे हैं,

इसका मतलब वो परवाह कर रहे हैं,

दुनियादारी का लिहाफ ओढ़ के सही,

वो कुछ तो अपना काम कर रहे हैं ।

आज की 'न' में कल 'हाँ' जरूर होगी,

जब दुनिया में थोड़ा सा मशहूर होगी,

लोग जो इतना गुस्ताखी नाम दे रहे हैं,

इसका मतलब वो परवाह कर रहे हैं,

दुनियादारी का लिहाफ ओढ़ के सही,

वो कुछ तो अपना काम कर रहे हैं ।

आखिर कैसे?

तू मुझसे प्यार नहीं करती,
मुझसे कभी इजहार नहीं करती,
फिर भी बिना कहे सारे एहसास पढ़ लेती है,
आखिर कैसे?

ख्वाहिशें लफ्ज तलाशती हैं,
तेरे अक्स से वो बात करती हैं,
आहटें दूरियाँ मिटाती हैं,
और तुझसे वो शिकायत करती हैं,
तू मुझसे कुछ साँझा नहीं करती,
कभी इकरार नहीं करती,
मैं सोचती रहती हूँ अक्सर, तू जान लेती है,
आखिर कैसे?

मेरे लिए फिक्र नहीं होती,
फिर भी क्यों सुकून मिलता है?
तेरे किस्सों में... मैं नहीं होती,
फिर भी क्यों मन खिलता है?
तू मुझसे हाल नहीं पूछती,
मुझसे कभी तकरार नहीं करती,

फिर भी बिगड़े हालात संभाल ही लेती है,
आखिर कैसे?

तू मुझसे प्यार नहीं करती,
मुझसे कभी इजहार नहीं करती,
फिर भी बिना कहे सारे एहसास पढ़ लेती है,
आखिर कैसे?

इतना मेहरबान क्यों है?

कभी पूछा है मेरे दिल से,
यह इतना मेहरबान क्यों है?
तुझे कदर नहीं और यह उतना ही,
कदरदान क्यों है..?

जैसे तुझे फिक्र अपने दिल की,
तो इसे किसकी है?
जैसे तेरे जिक्र में कोई है तो,
इसकी बातें किसकी हैं?
कभी पूछा है खामोशियों से,
इतनी परेशान क्यों है?
तुझे कदर नहीं और यह उतना ही,
कदरदान क्यों है..?

इसकी जरूरत के वक्त तू नहीं,
तो फिर कौन है?
तेरी हर जरूरत में मौजूद यह,
तो फिर यह कौन है?
कभी पूछा है तन्हाईयों से,
इतनी अनजान क्यों है?

तुझे कदर नहीं और यह उतना ही,
कदरदान क्यों है..?

कौन करेगा बराबरी से,
इनकी हकदारी का बँटवारा?
मेरा-तेरा, तेरा-मेरा,
मुकाबले में कौन जीता-हारा?
कभी पूछा है अल्फाजों से,
यह इतने महान क्यों है?
तुझे कदर नहीं और यह उतना ही,
कदरदान क्यों है..?

कभी पूछा है मेरे दिल से,
यह इतना मेहरबान क्यों है?
तुझे कदर नहीं और यह उतना ही,
कदरदान क्यों है..?

समझाना नहीं आता...

हाँ.. मुझे दिल की बात जताना नहीं आता,
एहसासों को जुबां से समझाना नहीं आता..

तू तो काबिल है न, फिर इंतजार कैसा है?
खामोशी में लफ्ज हैं, यह इजहार कैसा है?
हाँ, मुझे मौके का फायदा उठाना नहीं आता,
एहसासों को जुबां से समझाना नहीं आता..

वक्त की कमी, कुछ और कम न कर दे कहीं,
खुशी अपना नाम बदलकर, गम न कर दे कहीं,
हाँ, मुझे खुद को गलत ठहराना नहीं आता,
एहसासों को जुबां से समझाना नहीं आता..

तेरे सुकून में सुखी हूँ, बस यही जिंदगी है,
दो लफ्जों में सिमटी हूँ, यही अदायगी है,
हाँ, अंदाज ए बयानी का तराना नहीं आता,
एहसासों को जुबां से समझाना नहीं आता..

नजरअंदाजी का स्वाद, चखा है मैंने कई बार,

उम्मीद का नाम, याद भी रखा है मैंने कई बार,
हाँ, मुझे अमिट निशान छोड़ना नहीं आता,
एहसासों को जुबां से समझाना नहीं आता..

हाँ.. मुझे दिल की बात जताना नहीं आता,
एहसासों को जुबां से समझाना नहीं आता..

तुम्हें क्या पता...

तुम्हें क्या पता,
कितनी बार लिखती-मिटाती हूँ,
तुम्हारे और तुम्हारे नाम से ही तो,
जीती-मरती हूँ,
न जाने कितनी बार
वही लम्हें जीती हूँ फिर से,
न जाने कितनी बार
जूझती हूँ एक ही डर से,
न जाने कितनी बार
खोती हूँ एक ही शहर में,
न जाने कितनी बार
ढूँढती हूँ एक ही नजर में,
एक ही लफ्ज, एक ही एहसास,
समझ आता,
नजरअंदाजी में भी
सिर्फ अंदाज ही समझ आता,
कुछ न कहो,
खुद को मेरी नजर से देख लो बस,
तन्हाई को अपनी हँसी से,
थोड़ा सा सोख लो बस,
लापरवाही की भी परवाह करूँगी

मैं ताउम्र देखना,
फिक्र नहीं है तुम्हें,
फिर भी जिक्र ही करूँगी देखना,
हर छपा हुआ लफ्ज,
सिर्फ एक अल्फाज नहीं होता,
हर हँसी की गूँज में,
सिर्फ खुशी-ए-साज नहीं होता,
इतनी भी दुनियादारी न दिखा,
एहसास भी समझ,
जज्बात समझ,
अपनी उम्मीद की प्यास भी समझ,
तुम्हें क्या पता,
कितनी बार लिखती-मिटाती हूँ,
तुम्हारे और तुम्हारे नाम से ही तो,
जीती-मरती हूँ...

तन्हा हूँ, टूटी नहीं...

मेरे एहसास, मेरे जज्बात,
सब मेरे अपने हैं,
तन्हा हूँ, टूटी नहीं,
मन के भीतर मेरे सपने हैं..
हमेशा अपनी कही जमाने ने,
अब मेरी भी सुनो,
क्यों यह सबसे बेखबर,
खुद में ही मस्त, यह सुनो..
तो आओ फिर, सुनाती हूँ
मैं एहसास की कहानी,
उतार लेना 'लोग रूपी चश्मा',
आ जाए न पानी..
कान नहीं, भावनाओं का साथ लगेगा
सुनने के लिए,
जुबां नहीं, रूह-ए-हाथ लगेगा,
दर्द बाँटने के लिए..
क्योंकि यह सिर्फ मैं नहीं,
मेरे अनमोल एहसास हैं,
जमाने के लिए आम हैं,
मगर मेरे लिए खास है..
देखना जरूर,

कितने छींटें हैं इसके दामन पर,
कुछ मिलें परायों में,
और कुछ अपने आँगन पर..
दर्द का रंग देखना,
शायद तस्वीर से मिल जाए,
कोई अपना सा शायद,
किसी रंग से खिल जाए..
मेरे एहसास रखते हैं,
सबके के जख्म से वास्ता,
बस इन्हीं को नहीं मिलता,
कभी कोई रास्ता...
मेरे एहसास... मेरे एहसास...
मेरे अपने हैं...
मन के भीतर... मन के भीतर..
मेरे सपने हैं...

तू मुस्कुराई थी...

बात तो याद नहीं, मगर याद है,
कि तू मुस्कुराई थी तब,
वो पहर ही नहीं,
जैसे वक्त ही ठहर गया था उस दिन..

कोई खास दिन और तारीख भी नहीं थी..
मगर तू थी,
कोई महफिल या कोई समां भी तो नहीं था,
बस तू थी,
लम्हा तो याद नहीं, मगर याद है
कि तू रूह में उतर आई थी,
वो पहर ही नहीं,
जैसे वक्त ही ठहर गया था उस दिन..

आँखों ने जैसे तेरे सिवा,
कभी कुछ महसूस ही न किया,
दिल ने जैसे तेरे सिवा,
रूह में कुछ महफूज ही न किया,
वादा तो याद नहीं, मगर याद है,
कि तू तब शरमाई थी,

वो पहर ही नहीं,
जैसे वक्त ही ठहर गया था उस दिन..

बात तो याद नहीं, मगर याद है,
कि तू मुस्कुराई थी तब,
वो पहर ही नहीं,
जैसे वक्त ही ठहर गया था उस दिन..

दर्द का मरहम...

जितना भी लिखूँ तेरे लिए,
उतना ही कम लगता है,
तेरा एक ख्याल ही,
मुझे हर दर्द का मरहम लगता है ।

हजारों ख्याल, फिर भी एक ही सवाल-
तू कहाँ है?
जितने जवाब, उतने ही खड़े बवाल-
कि तू कहाँ है?
वक्त को जितना दौड़ाऊँ,
उतना ही मद्धम लगता है,
तेरा एक ख्याल ही,
मुझे हर दर्द का मरहम लगता है ।

तेरी दुनिया के राज सारे,
मेरा दिल भी जानता है,
तू होकर भी नहीं अपना,
मेरा दिल भी मानता है,
'तू' को तू रखूँ, 'मैं' को मैं,
उतना ही 'हम' लगता है,

तेरा एक ख्याल ही,
मुझे हर दर्द का मरहम लगता है ।

अगर यादों से भी ताल्लुक न रखूँ,
तो जिंदगी कैसी?
दुआओं में भी जो नाम न लूँ,
तो फिर बन्दगी कैसी?
जितना रूबरू होती सच से,
उतना ही भ्रम लगता है,
तेरा एक ख्याल ही,
मुझे हर दर्द का मरहम लगता है ।

जितना भी लिखूँ तेरे लिए,
उतना ही कम लगता है,
तेरा एक ख्याल ही,
मुझे हर दर्द का मरहम लगता है ।

'मैं' रहने दो...

बड़ी मुश्किल से तो ढूँढा है,
खुद को इस भीड़ में,
अब यारों, थोड़ा तो मुझको भी...
'मैं' रहने दो ।

भूल जाने की, याद रह जाने की,
बातें न उठाओ,
बेफिक्री की, कुछ फिक्रमंदी की,
यादें न जगाओ,
बड़ी मुश्किल से तो संभाला है,
खुद को तन्हाई में,
अब यारों, थोड़ा तो मुझको भी...
'मैं' रहने दो ।

जिस पर हक ही नहीं,
उसका गम ले बैठना कैसा,
जिस एहसास में नहीं,
उसका नाम ले रूठना कैसा,
बड़ी मुश्किल से तो मनाया है,
खुद को बेजारी में,

अब यारों, थोड़ा तो मुझको भी...
'मैं' रहने दो ।

धड़कनों को भटकाया है,
उनकी दिली राहों से,
ख्वाहिशों को भरमाया है,
उनकी दिली चाहों से,
बड़ी मुश्किल से तो छोड़ा है,
खुद को जमाने में,
अब यारों, थोड़ा तो मुझको भी...
'मैं' रहने दो ।

बड़ी मुश्किल से तो ढूँढा है,
खुद को इस भीड़ में,
अब यारों, थोड़ा तो मुझको भी...
'मैं' रहने दो ।

देर कर देती हूँ मैं...

तुझ तक पहुँच नहीं पाती है
मेरे दिल की आवाज,
शायद बहुत देर कर देती हूँ,
मैं ही जताने में अक्सर...

तेरी नजरअंदाजी भूल जाऊँ मैं,
या तुझे याद करूँ,
तेरी हँसी में घुल-मिल जाऊँ,
या खुद को बर्बाद करूँ,
तुझ तक पहुँच नहीं पाती,
मेरे दिल की फरियाद,
शायद बहुत देर कर देती हूँ,
मैं ही जताने में अक्सर...

तू मशगूल औरों में,
मैं तेरी याद में मशहूर जमाने में,
तू दिल के सबसे करीब,
फिर भी मुझसे दूर जमाने में,
तुझ तक पहुँच नहीं पाते हैं,
मेरे दिल के जज़्बात,
शायद बहुत देर कर देती हूँ,
मैं ही जताने में अक्सर...

तेरी खुशी की खनक में,
अपने एहसास छुपाती हूँ,
तेरी ख्वाहिशों के सफर में,
दुनिया पास ले आती हूँ,
तुझ तक पहुँच नहीं पाते हैं,
मेरे दिल के अल्फाज,
शायद बहुत देर कर देती हूँ,
मैं ही जताने में अक्सर...

तुझ तक पहुँच नहीं पाती है
मेरे दिल की आवाज,
शायद बहुत देर कर देती हूँ,
मैं ही जताने में अक्सर...

तुमसे मिल कर...

तुमसे मिल कर लगता है,
जैसे दुनिया पैरों में बाँध ली,
क्या जमी, क्या आसमां,
पूरी कायनात मेरे हाथों में है..

ढलती शामों की अंगड़ाईयाँ,
तेरे इंतजार से गुजरती है,
मौसम की रुसवाईयाँ भी,
तेरे आने पर ही चहकती है,
तेरी हँसी में ढल कर लगता है,
जैसे मैंने दुआ सँवार ली,
क्या जमी, क्या आसमां,
पूरी कायनात मेरे हाथों में है..

अपना सा लगता है मुझे,
चाहे तू किसी को भी अपनाए,
रूठकर भी मान जाती हूँ,
चाहे तू किसी और को मनाए,
तेरे साथ होकर लगता है,
जैसे मैंने जिंदगी संभाल ली,
क्या जमी, क्या आसमां,
पूरी कायनात मेरे हाथों में है..

तुमसे मिल कर लगता है,
जैसे दुनिया पैरों में बाँध ली,
क्या जमी, क्या आसमां,
पूरी कायनात मेरे हाथों में है..

आकर मिलो तुम...

कभी मुझसे, मेरे लिए भी आकर मिलो तुम,
मेरा और मेरे दिल का हाल भी तो सुनो तुम..

तुम याद नहीं करते, फिर भी इंतजार रहता है,
जाने क्यों मेरा दिल, इतना बेकरार रहता है,
कभी मेरे मन के भीतर भी गश्त लगाओ तुम,
मेरा और मेरे दिल का हाल भी तो सुनो तुम..

कभी सोचा है तुमने, कि इतनी बेचैनी क्यों है,
साथ होकर भी तन्हा हूँ, इतनी हैरानी क्यों है,
कभी मेरी हँसी में, खुद को भूल जाओ तुम,
मेरा और मेरे दिल का हाल भी तो सुनो तुम..

अपने लफ्जों के सहारे, रूबरू हो जाऊँ तुमसे,
दूर होकर भी, हर बार मैं मिलकर आऊँ तुमसे,
कभी यूँ ही, मेरे साथ यादों में गुम हो जाओ तुम,
मेरा और मेरे दिल का हाल भी तो सुनो तुम..

कभी मुझसे, मेरे लिए भी आकर मिलो तुम,
मेरा और मेरे दिल का हाल भी तो सुनो तुम..

कुछ अल्फाज...

कुछ अल्फाज अनकहे ही रखना अच्छा होता है,
कह देने से कई बार दिलों में दूरियाँ आ जाती है..

नजदीकियाँ अपनेपन का हिसाब नहीं रख पाती,
अक्सर कुछ सवालों के जवाब नहीं परख पाती,
कुछ जज्बात अनकहे ही रखना अच्छा होता है,
कह देने से कई बार दिलों में दूरियाँ आ जाती है..

फिक्र कितनी, कोई हाल समझा नहीं सकता है,
जबाबों से भी कोई पहेली बुझा नहीं सकता है,
कुछ शिकवे अनकहे ही रखना अच्छा होता है,
कह देने से कई बार दिलों में दूरियाँ आ जाती है..

जबर्दस्ती हो सकती एहसासों से तो क्या बात थी,
दिल बना होता तराशों से, तो फिर क्या बात थी,
कुछ हालात अनकहे ही रखना अच्छा होता है,
कह देने से कई बार दिलों में दूरियाँ आ जाती है..

कुछ अल्फाज अनकहे ही रखना अच्छा होता है,
कह देने से कई बार दिलों में दूरियाँ आ जाती है..

तेरी खामोशी...

तेरे लफ्ज कुछ कहे न कहे,
तेरी खामोशी सब कह देती है,
जाने कितने दिल के हाल छुपे होते हैं,
इन खामोशियों में..

कभी-कभी दर्द से भी रूबरू होना पड़ता है,
राहत के लिए,
जाने-अनजाने बेसबब भी लड़ना पड़ता है,
चाहत के लिए,
तेरी मौजूदगी कुछ कहे न कहे,
तेरी कमी सब कह देती है,
जाने कितने दिल के हाल छुपे होते हैं,
इन खामोशियों में..

कोई दलील काम नहीं आती,
जब तेरी बेचैनियाँ बढ़ती है,
सब किस्से कहानियाँ फीके,
जब तेरी तन्हाईयाँ बढ़ती है,
तेरी आँखें कुछ कहे न कहे,
तेरी मुस्कान सब कह देती है,
जाने कितने दिल के हाल छुपे होते हैं,
इन खामोशियों में..

तेरे लफ्ज कुछ कहे न कहे,
तेरी खामोशी सब कह देती है,
जाने कितने दिल के हाल छुपे होते हैं,
इन खामोशियों में..

कुछ दुआएँ... कुछ बद्दुआएँ...

कुछ दुआएँ, कुछ बद्दुआएँ,
जब हासिल हुई मुझको,
तब कहीं जाकर,
मेरी कुछ ख्वाहिशें मुकम्मल हुई हैं..

दर्द और तन्हाई को जब भी धुना,
हुनर निखरा है मेरा,
दिल अपने से पराया जब भी बना,
डर बिखरा है मेरा,
कुछ तानों, कुछ बहानों की,
सीख हासिल हुई मुझको,
तब कहीं जाकर,
मेरी कुछ ख्वाहिशें मुकम्मल हुई हैं..

कितनी ही बार गिरी हूँ मैं,
और फिर संभली हूँ खुद से,
कितनी ही बार ठहरकर,
और फिर आगे चली हूँ खुद से,
कुछ बंधन, कुछ उड़ने की,
जब रीत हासिल हुई मुझको,
तब कहीं जाकर,
मेरी कुछ ख्वाहिशें मुकम्मल हुई हैं..

कुछ दुआएँ, कुछ बद्दुआएँ,
जब हासिल हुई मुझको,
तब कहीं जाकर,
मेरी कुछ ख्वाहिशें मुकम्मल हुई हैं..

मिलते रहा करो तुम मुझसे...

मिलते रहा करो तुम मुझसे,
बस यूँ ही कभी कभार,
कुछ एहसास,
तो कुछ मेरा हौंसला निखर उठता है..

तुम्हारी हँसी,
जीने का मकसद दिया करती है मुझको,
तुम्हारी बातें,
संभलने का हुनर दिया करती है मुझको,
आते-जाते रहा करो तुम ऐसे,
बस यूँ ही कभी-कभार,
कुछ एहसास,
तो कुछ मेरा हौंसला निखर उठता है..

तुमसे मिल कर जैसे,
मेरा नसीब ही सँवर उठता है,
कायनात का फरिश्ता भी,
जैसे मेरी खबर रखता है,
दस्तकें ही देते रहा करो तुम,
बस यूँ ही कभी कभार,
कुछ एहसास,
तो कुछ मेरा हौंसला निखर उठता है..

मिलते रहा करो तुम मुझसे,
बस यूं ही कभी कभार,
कुछ एहसास,
तो कुछ मेरा हौंसला निखर उठता है..

जज़्बात की जुबां से अनजान हैं लोग...

सब अल्फाजों की जबां समझते हैं यहाँ,
जज्बात की जुबां से अनजान हैं लोग...

एहसास के एहसास से अपरिचित लगे,
स्वार्थ के आगे ही, सब उन्हें उचित लगे,
सब मतलबों की जबां समझते हैं यहाँ,
जज्बात की जुबां से अनजान हैं लोग...

मन की नहीं तो सब बेकार लगता है,
आजकल यहाँ तो सरोकार बिकता है,
सब सिक्कों की जबां समझते हैं यहाँ,
जज्बात की जुबां से अनजान हैं लोग...

वक्त की बेकदरी, बड़ी अच्छी करते हैं,
फिर कहते हैं, यह बातें सच्ची करते हैं,
सब ख्वाहिशों की जबां समझते हैं यहाँ,
जज्बात की जुबां से अनजान हैं लोग...

सब अल्फाजों की जबां समझते हैं यहाँ,
जज्बात की जुबां से अनजान हैं लोग...

तेरी नजर में...

तेरी नजर में,
बस कुछ इतनी सी ही है पहचान मेरी,
तू ही मेरी पूरी दुनिया है,
और मैं तेरी कुछ भी नहीं...

लफ्ज सुनाई देते हैं,
मगर एहसास महसूस नहीं होता,
शायद दिल में तुझसे,
मेरा ही अक्स तलाश नहीं होता,
तेरी महफिल में,
बस कुछ इतनी सी ही है शान मेरी,
तू ही मेरी पूरी दुनिया है,
और मैं तेरी कुछ भी नहीं...

फुरसतों पे हक मेरा,
फिर भी वक्त की जद्दोजहद है,
सब बेहद है मेरे लिए,
फिर भी मुलाकात की सरहद है,
तेरी दुनिया,
बस कुछ इतनी सी ही है कदरदान मेरी,
तू ही मेरी पूरी दुनिया है,

और मैं तेरी कुछ भी नहीं...

रूठूँ किसी से भी मैं,
तेरी एक हँसी मना लेती है मुझे,
सारा जहाँ एक तरफ,
तेरी खुशी अपना लेती है मुझे,
तेरी ख्वाहिशों में,
बस कुछ इतनी सी ही है जुबान मेरी,
तू ही मेरी पूरी दुनिया है,
और मैं तेरी कुछ भी नहीं...

तेरी नजर में,
बस कुछ इतनी सी ही है पहचान मेरी,
तू ही मेरी पूरी दुनिया है,
और मैं तेरी कुछ भी नहीं...

तेरे और करीब...

तेरे लफ्ज,
बड़े ही चुंबकीय होते जा रहे हैं आजकल,
मेरे दिल को,
तेरे और करीब खींचने लगे हैं आजकल..

फुरसत के लम्हें,
चुराने के बाद भी नहीं मिलते हैं अब,
जब भी मिलते हैं,
बस तेरी ही चाहत में ढलते हैं सब,
तेरे एहसास,
बड़े ही शरारती होते जा रहे हैं आजकल,
मेरे दिल को,
तेरे और करीब खींचने लगे हैं आजकल..

मेरे दिल का हाल भी समझ,
तुझसे जुदा नहीं हालात,
गुजर कभी मुझसे होकर,
तुझसे अलग नहीं जज्बात,
तेरे आँसू,
बड़े ही अपने से होते जा रहे हैं आजकल,
मेरे दिल को,

तेरे और करीब खींचने लगे हैं आजकल..

तेरे दिल की तन्हाई से,
मेरा दिल भी अनजान नहीं है,
तेरे जज्बात भी नसमझूं,
दिल इतना भी नादान नहीं है,
तेरे अल्फाज,
बड़े ही अजीज होते जा रहे हैं आजकल,
मेरे दिल को,
तेरे और करीब खींचने लगे हैं आजकल..

तेरे लफ्ज,
बड़े ही चुंबकीय होते जा रहे हैं आजकल,
मेरे दिल को,
तेरे और करीब खींचने लगे हैं आजकल..

कुछ रिश्तों के नाम...

कुछ रिश्तों के नाम नहीं हुआ करते हैं,
क्योंकि वो सरे आम नहीं हुआ करते हैं,
बँधे होते हैं जो एहसास की डोर से सदा,
ऐसे रिश्ते होकर भी नहीं हुआ करते हैं...

अंजाम का डर नहीं, यह दिल से जुड़ा है,
रुसवाई का गम नहीं, यह दर्द से गड़ा है,
गूंथें होते हैं जो जज्बात के तार से सदा,
ऐसे रिश्ते होकर भी नहीं हुआ करते हैं,
कुछ रिश्तों के नाम नहीं हुआ करते हैं,
क्योंकि वो सरे आम नहीं हुआ करते हैं...

अक्सर उम्मीदें इन्हें जोड़ती हैं, तोड़ती नहीं,
साथ चल कर भी, राहें कहीं जुड़ती भी नहीं,
सींचते हैं जिन्हें भरोसे की फुहार से सदा,
ऐसे रिश्ते होकर भी नहीं हुआ करते हैं,
कुछ रिश्तों के नाम नहीं हुआ करते हैं,
क्योंकि वो सरे आम नहीं हुआ करते हैं...

जमाने से बेखबर, झगड़ा पल दो पल का,
रूठना-मनाना, फिर समझाना दो पल का,

इठलातें हैं जो लम्हें, एक मनुहार से सदा,
ऐसे रिश्ते होकर भी नहीं हुआ करते हैं,
कुछ रिश्तों के नाम नहीं हुआ करते हैं,
क्योंकि वो सरे आम नहीं हुआ करते हैं...

कुछ रिश्तों के नाम नहीं हुआ करते हैं,
क्योंकि वो सरे आम नहीं हुआ करते हैं,
बंधे होते हैं जो एहसास की डोर से सदा,
ऐसे रिश्ते होकर भी नहीं हुआ करते हैं...

ख्यालों में जाने कितनी बार...

ख्यालों में जाने कितनी बार,
तुझसे मिलने जाती हूँ मैं,
तुझसे मिलकर,
फिर लौटकर वापस नहीं आ पाती मैं..

कई दफा लिखा चोरी से,
तेरी हथेली पर मैंने मेरा नाम,
बदली न किस्मत की लकीरें,
फिर भी जमाने में बदनाम,
ख्यालों में जाने कितनी बार,
तुझे ढूँढकर ले आती हूँ मैं,
तुझसे मिलकर,
फिर लौटकर वापस नहीं आ पाती मैं..

खामोशी के जुगनू,
तेरे सिरहाने छोड़ कर आती हूँ मैं,
तन्हाई में ओढ़ लो,
ऐसे ही ख्वाब मोड़ कर आती हूँ मैं,
ख्यालों में जाने कितनी बार,
तुझे जी के आ जाती हूँ मैं,

तुझसे मिलकर,
फिर लौटकर वापस नहीं आ पाती मैं..

अनकही हैं जो हजारों ख्वाहिशें,
तुझे खो देने के डर से,
लेकर निकलती हूँ,
मैं उन बातों का पिटारा अपने घर से,
ख्यालों में जाने कितनी बार,
तुझसे सब कह जाती हूँ मैं,
तुझसे मिलकर,
फिर लौटकर वापस नहीं आ पाती मैं..

ख्यालों में जाने कितनी बार,
तुझसे मिलने जाती हूँ मैं,
तुझसे मिलकर,
फिर लौटकर वापस नहीं आ पाती मैं..

एक दूजे के वास्ते...

कहीं न कहीं, तू मशहूर, मैं बदनाम,
एक दूजे के वास्ते,
फिर भी हिस्से में न हक,
न फुरसत के लम्हें हैं कोई..

बातों में जिक्र मिलता है,
मगर परवाह ढूँढें नहीं मिलती,
ख्यालों में दखल दिखता है,
मगर जगह ही नहीं मिलती,
कहीं न कहीं, तू अजीज, मैं बदनाम,
एक दूजे के वास्ते,
फिर भी हिस्से में न हक,
न फुरसत के लम्हें हैं कोई..

समझ का भी क्या फेर है,
कुछ भी समझ में आए न,
दिल दिमाग के हर हिस्से में होकर,
कुछ बूझ पाए न,
कहीं न कहीं, तू अंदाज, मैं बदनाम,
एक दूजे के वास्ते,

फिर भी हिस्से में न हक,
न फुरसत के लम्हें हैं कोई..

बातें, दिल बहलाती खूब हैं,
मगर एहसास नहीं जगाती,
हँसी, मिजाज बनाती खूब है,
मगर पास नहीं ले जाती,
कहीं न कहीं, तू जिन्दगी, मैं बदनाम,
एक दूजे के वास्ते,
फिर भी हिस्से में न हक,
न फुरसत के लम्हें हैं कोई..

कहीं न कहीं, तू मशहूर, मैं बदनाम,
एक दूजे के वास्ते,
फिर भी हिस्से में न हक,
न फुरसत के लम्हें हैं कोई..

ए मेरे दिल...

ए मेरे दिल,
हर रिश्ते से खुद को तू अनजान समझ,
जीना है इस स्वार्थी दुनिया में,
अब बस अपने लिए..

हर नजरअंदाजी का नाम,
अब तू दुनियादारी रख दे,
खुद को कर आजाद अब तू,
इतनी होशियारी कर दे,
ए मेरे दिल,
हर दुआ से खुद को तू खारिज समझ,
जीना है इस स्वार्थी दुनिया में,
अब बस अपने लिए..

गुजरे जो खुद पे तो,
सबका हाल ए दिल समझ आए,
एहसास, दर्द, कसक,
सबके ही जज्बात समझ आए,
ए मेरे दिल,
हर याद से खुद को तू गुमनाम समझ,
जीना है इस स्वार्थी दुनिया में,

अब बस अपने लिए..

वक्त ए फुरसत में,
अब कभी तेरा जिक्र नहीं होगा,
पल दो पल में भी कभी,
वो पल-ए-फिक्र नहीं होगा,
ए मेरे दिल,
हर फुरसत से खुद को नउम्मीद समझ,
जीना है इस स्वार्थी दुनिया में,
अब बस अपने लिए..

ए मेरे दिल,
हर रिश्ते से खुद को तू अनजान समझ,
जीना है इस स्वार्थी दुनिया में,
अब बस अपने लिए..

तेरी बातों में...

तेरी बातों में,
अपने अल्फाजों की झलक ढूँढती हूँ मैं,
कभी, कहीं से तो मिले,
ऐसी एक परवाह ढूँढती हूँ मैं..

तेरे एहसासों में,
मेरे प्यार का रंग दिखाई नहीं देता है,
जितना रंगती हूँ,
उतना गहरा रंग दिखाई नहीं देता है,
तेरे ठहाकों में,
अपनी मौजूदगी के लम्हें ढूँढती हूँ मैं,
कभी, कहीं से तो मिले,
ऐसी एक परवाह ढूँढती हूँ मैं..

शायद मेरा साथ,
तेरे जीने का हुनर नहीं निखारता है,
पल दो पल का भी साथ,
खास लम्हा नहीं सँवारता है,
तेरे सुकून में,
अपनी बात से मिली राहत ढूँढती हूँ मैं,
कभी, कहीं से तो मिले,
ऐसी एक परवाह ढूँढती हूँ मैं..

तेरी बातों में,
अपने अल्फाजों की झलक ढूँढती हूँ मैं,
कभी, कहीं से तो मिले,
ऐसी एक परवाह ढूँढती हूँ मैं..

अब मीलों दूर तुम हो...

कितना वास्ता था तुझसे कभी,
अब मीलों दूर तुम हो,
निखर उठती थी दुनिया तुमसे,
अब मीलों दूर तुम हो..

हँसना रोना, खाना पीना,
सबके साथी भी तो थे हम,
दर्द दवा, गिरना संभलना,
सबके आदी भी तो थे हम,
कितना अपना सा था तू कभी,
अब मीलों दूर तुम हो,
निखर उठती थी दुनिया तुमसे,
अब मीलों दूर तुम हो..

जब कभी भी तन्हा होती हूँ,
तुम बहुत याद आते हो,
ख्यालों में तुम हलचल कर,
फिर वही बात ले आते हो,
कितना उम्दा सा था पल कभी,
अब मीलों दूर तुम हो,
निखर उठती थी दुनिया तुमसे,

अब मीलों दूर तुम हो..

ऐसे रिश्तों की कोई,
अनोखी परिभाषा तो नहीं होती है,
अल्फाज भी कम हैं,
इनकी तो बात ही निराली होती है,
कितना मेहरबान था खुदा कभी,
अब मीलों दूर तुम हो,
निखर उठती थी दुनिया तुमसे,
अब मीलों दूर तुम हो..

कितना वास्ता था तुझसे कभी,
अब मीलों दूर तुम हो,
निखर उठती थी दुनिया तुमसे,
अब मीलों दूर तुम हो..

बस एक कदरदान...

दिल मानता था,
कि तेरी आँखों का चाँद है वो,
भ्रम टूटा तो जाना,
बस एक कदरदान ही तो है..

धड़कन में खनक,
मेरे नाम की नहीं थी कभी,
होंठों पर मुस्कान,
मेरे साथ की नहीं थी कभी,
दिल सोचता था,
कि तेरी खुशी का राज है वो,
भ्रम टूटा तो जाना,
बस एक कदरदान ही तो है..

उसकी बातों में खुद को,
कितनी ही बार ढूँढ़ा है,
न मिलने पर अक्स अपना,
टूट के फिर जोड़ा है,
दिल मानता था,
कि तेरा एक ही हकदार है वो,
भ्रम टूटा तो जाना,
बस एक कदरदान ही तो है..

बर-बार बिखर कर,
समेटा है तो बस तेरे लिए,
उम्मीद बटोर,
संभाल रखी है तो बस तेरे लिए,
दिल सोचता था,
कि तेरी दुआ का साया है वो,
भ्रम टूटा तो जाना,
बस एक कदरदान ही तो है..

दिल मानता था,
कि तेरी आँखों का चाँद है वो,
भ्रम टूटा तो जाना,
बस एक कदरदान ही तो है..

दिल तुझे याद करे...

दिल तुझे याद करे,
बातें ख्याली यह हजार करे,
गलत होकर भी न माने,
अहंकार में कई बार मरे..

सोचता है कि सच्चा है एहसास,
तो मिल जाएगा,
यह न समझे,
ज्यादती से पत्थर भी घुल जाएगा,
दिल तुझसे मिला करे,
दीदार ख्याली हजार करे,
गलत होकर भी न माने,
अहंकार में कई बार मरे..

आजमाइश में अक्सर,
खाली जगह भर जाती है,
दूर निकलने पर अक्सर,
पीछे धूल उभर आती है,
दिल तुझमें डूबा करे,
सवाल ख्याली हजार करे,
गलत होकर भी न माने,
अहंकार में कई बार मरे..

पहले तुम, अब तुम में,
जाने कितने पल गँवाए हैं,
जो मिला, उसे खो दिया,
थोड़े भी हाथ न आए हैं,
दिल एतबार करे,
उलझने भी ख्याली हजार करे,
गलत होकर भी न माने,
अहंकार में कई बार मरे..

दिल तुझे याद करे,
बातें ख्याली यह हजार करे,
गलत होकर भी न माने,
अहंकार में कई बार मरे..

सच से बचा करते हैं...

रिश्तों को अपने मतलब की दुकान समझ,
एहसासों को अपने झूठ की जबान समझ,
कुछ लोग, अपना एक स्वांग रचा करते हैं,
एक ख्याली झूठ से, सच से बचा करते हैं..

खुद के गिरेवां में, अपना अक्स मिलता नहीं,
किसी मेहरबां में, अपना शख्स दिखता नहीं,
किसी के हालातों को, हँसने का मौका समझ,
अपने कदमों को, किसी आहट का धोखा समझ,
कुछ लोग, अपना एक स्वांग रचा करते हैं,
एक ख्याली झूठ से, सच से बचा करते हैं..

मन का खालीपन, किसी खुशी से नहीं हटता,
रूठना तो है बहाना, यह खुद की नहीं सुनता,
अपने दिल की चाह, किसी ओर का नूर समझ,
सवाल जवाब खुद के, फिर भी सबसे दूर समझ,
कुछ लोग, अपना एक स्वांग रचा करते हैं,
एक ख्याली झूठ से, सच से बचा करते हैं..

रिश्तों को अपने मतलब की दुकान समझ,
एहसासों को अपने झूठ की जबान समझ,

कुछ लोग, अपना एक स्वांग रचा करते हैं,
एक ख्याली झूठ से, सच से बचा करते हैं..

मुस्कुराना सिखा देते हैं...

मेरी गुस्ताखियों पर भी,
वो मुझे गले से लगा लेते हैं,
सब कुछ भुलाकर,
वो सबको मुस्कुराना सिखा देते हैं..

दर्द हो, चाहे बदतर हो हालात,
वो हौंसला बढ़ाते हैं,
जीने के लिए सिर्फ प्यार काफी,
वो यही सिखाते हैं,
मेरी नादानीयों पर भी,
वो बस ठहाके से लगाते हैं,
सब कुछ भुलाकर,
वो सबको मुस्कुराना सिखा देते हैं..

भूल जाऊँ मैं खुद को,
वो ढूँढना भी खूब सिखाते हैं,
संभल-संभल कर,
वो जिन्दगी सँवारना सिखाते हैं,
मेरी बदहवासियों पर,
वो तसल्ली के पेड़ उगाते हैं,
सब कुछ भुलाकर,
वो सबको मुस्कुराना सिखा देते हैं..

मेरी गुस्ताखियों पर भी,
वो मुझे गले से लगा लेते हैं,
सब कुछ भुलाकर,
वो सबको मुस्कुराना सिखा देते हैं..

मृग कस्तूरी से तुम...

मृग कस्तूरी से तुम,
और मैं तृष्णा सी भटकती हूँ,
ऐसा भी क्या कि मेरे होकर भी,
मेरे नहीं हो तुम..

'एहसास' मेरे ही नाम के धड़कते हैं,
तुम्हारे दिल में,
'जज्बात' मेरी ही बात से,
तो संभलते हैं महफिल में,
उम्मीद के चाँद से तुम,
और मैं चातक सी तकती हूँ,
ऐसी भी क्या कि मेरे होकर भी,
मेरे नहीं हो तुम..

हौंसला और मुस्कुराने का,
हुनर मुझसे ही पाते हो,
दर्द में भी जमाने से तुम,
फिर लड़ते चले जाते हो,
चाह बूँद से तुम,
और मैं लालसा सी उमड़ती हूँ,

ऐसी भी क्या कि मेरे होकर भी,
मेरे नहीं हो तुम..

मृग कस्तूरी से तुम,
और मैं तृष्णा सी भटकती हूँ,
ऐसी भी क्या कि मेरे होकर भी,
मेरे नहीं हो तुम..

अब तुम ही चले आना...

थक गई हूँ बहुत,
अब तुम ही चले आना किसी रोज,
अपने ख्वाबों के दिए,
मेरी उनींदी आँखों में बुझाने...

पल, दिन में और दिन महीनों में,
तब्दील होने लगे हैं,
अब तो हक भी,
सारे जमाने में शामिल होने लगे हैं,
बिखर गई हूँ मैं,
अब तुम ही चले आना किसी रोज,
अपने ख्वाबों के दिए,
मेरी उनींदी आँखों में बुझाने...

देखो न यह यादें भी,
कितना तंग करने लगी हैं मुझे,
सुनो न यह बातें भी,
कितना बेचैन करने लगी हैं मुझे,
जल गई हूँ बहुत,
अब तुम ही चले आना किसी रोज,
अपने ख्वाबों के दिए,
मेरी उनींदी आँखों में बुझाने...

थक गई हूँ बहुत,
अब तुम ही चले आना किसी रोज,
अपने ख्वाबों के दिए,
मेरी उनींदी आँखों में बुझाने...

बार-बार तेरे करीब...

बार-बार तेरे करीब...
और करीब ले ही आती है,
जाने क्यों, मेरी उम्मीदें भी न,
गिरने नहीं देती हैं...

तेरा एक एहसास काफी है,
उम्र बढ़ाने के लिए,
दिल को सिर्फ तू चाहिए,
ताउम्र धड़कने के लिए,
बार-बार तुझसे मेरा नसीब,
जोड़े चली जाती है,
जाने क्यों, मेरी उम्मीदें भी न,
गिरने नहीं देती हैं...

किसी भीड़ से नहीं,
मेरा हौंसला, सिर्फ तुझसे है,
यह चलते रहने का,
मेरा फैसला, सिर्फ तुझसे है,
बार-बार राहों को तुझमें,
मंजिल मिल ही जाती है,
जाने क्यों, मेरी उम्मीदें भी न,
गिरने नहीं देती हैं...

बार-बार तेरे करीब...
और करीब ले ही आती है,
जाने क्यों, मेरी उम्मीदें भी न,
गिरने नहीं देती हैं...

कशमकश में हूँ...

शायद तूने भी सुना हो,
शायद तूने भी जाना हो,
बड़ी अजीब सी ही कशमकश में हूँ,
इन दिनों मैं..

झाँक कर देखो,
कहीं कोई आँसू हँसता मिलेगा,
इन सरगमों में भी,
कहीं कोई साज डूबता मिलेगा,
शायद तुझे भी खबर हो,
शायद थोड़ा असर हो,
बड़ी अजीब सी ही कशमकश में हूँ,
इन दिनों मैं..

फासलों में,
अपनी नजदीकियाँ कहीं खो गई हैं,
मसलों में,
शायद अपनी खुशियाँ कहीं खो गई हैं,
शायद तुझे भी तलब हो,
शायद कोई मतलब हो,
बड़ी अजीब सी ही कशमकश में हूँ,
इन दिनों मैं..

करीबी हूँ,
ऐसे हक नजर नहीं आते हैं आजकल,
तुझमें हूँ,
ऐसे पल कम उजागर होते हैं आजकल,
शायद तुझे आदत हो,
शायद भी यह इरादतन हो,
बड़ी अजीब सी ही कशमकश में हूँ,
इन दिनों मैं..

शायद तूने भी सुना हो,
शायद तूने भी जाना हो,
बड़ी अजीब सी ही कशमकश में हूँ,
इन दिनों मैं..

कितना खूबसूरत था...

चाँद-तारों की छाँव में,
वो खामोश सा बैठना हमारा,
कितना खूबसूरत था,
कुछ न कह कर भी सब कहना..

एहसासों ने वादा किया था,
कभी कमजोर न होंगे,
हो हालात जैसे भी,
अब कभी भी हम जुदा न होंगे,
दिल ही दिल में,
वो जज्बातों का जान लेना हमारा,
कितना खूबसूरत था,
कुछ न कह कर भी सब कहना..

बीती बात, कुछ हालात,
हम कभी बदल नहीं सकते,
मीठी याद, कुछ साथ,
कभी-कभी संभल नहीं सकते,
अपनों के लिए,
वो अपना सब कुछ छोड़ देना हमारा
कितना खूबसूरत था,
कुछ न कह कर भी सब कहना

मैं किसी के लिए,
तुम किसी और के लिए बदल गए,
रूह में अपनी भी,
जाने कैसे चेहरे पर चेहरे ढल गए,
एक दूसरे की खुशी के लिए,
वो बहाने बनाना हमारा,
कितना खूबसूरत था,
कुछ न कह कर भी सब कहना

चाँद-तारों की छाँव में,
वो खामोश सा बैठना हमारा,
कितना खूबसूरत था,
कुछ न कह कर भी सब कहना..

तू मेरे साथ थी...

मैं खुश हूँ, किसी और की ही सही,
तूने मुझसे बात की,
मैं खुश हूँ, किसी और के लिए ही सही,
तू मेरे साथ थी..

साथ होकर भी,
दिल तरसा अक्सर तेरे एहसास के लिए,
पास होकर भी न जाना,
दिल तड़पा कुछ खास के लिए,
मैं खुश हूँ, किसी और की ही सही,
तूने दिल से दाद दी,
मैं खुश हूँ, किसी और के लिए ही सही,
तू मेरे साथ थी..

ढूँढता था मैं जिसे अपने लिए,
मिला वो 'उसके' लिए,
हर जगह नाम उसका,
तू दुआ करती है 'जिसके' लिए,
मैं खुश हूँ, किसी और की ही सही,
तूने फरियाद की,

मैं खुश हूँ, किसी और के लिए ही सही,
तू मेरे साथ थी..

हौंसला बनूँ किसी का,
शायद ऐसा हुनर नहीं है मुझमें,
दर्द बाँट सकूँ किसी का,
शायद वो असर नहीं है मुझमें,
मैं खुश हूँ, किसी और के लिए ही सही,
तूने इबादत की,
मैं खुश हूँ, किसी और के लिए ही सही,
तू मेरे साथ थी..

मैं खुश हूँ, किसी और की ही सही,
तूने मुझसे बात की,
मैं खुश हूँ, किसी और के लिए ही सही,
तू मेरे साथ थी..

तेरी हँसी भी सुकून देती है...

बहुत महसूस होता था कभी,
तेरा महसूस न करना,
अब किसी की खुशी में,
तेरी हँसी भी सुकून देती है..

बहुत आजमाया है खुद को,
सिर्फ एक तेरे ही लिए,
दिल को जाने कितना बहलाया,
सिर्फ तेरे ही लिए,
बहुत महसूस होता था कभी,
तेरा अफसोस न करना
अब किसी की खुशी में,
तेरी हँसी भी सुकून देती है..

साथ होकर भी जब तू,
मेरे नजदीक नहीं होती थी,
मिल कर भी तू,
उन लम्हों में शरीक नहीं होती थी,
बहुत महसूस होता था कभी,
तेरा वो गुस्सा न करना,

अब, किसी की खुशी में,
तेरी हँसी भी सुकून देती है..

बहुत महसूस होता था कभी,
तेरा महसूस न करना,
अब किसी की खुशी में,
तेरी हँसी भी सुकून देती है..

ढाई आखर

इस ढाई आखर में,
न जाने क्या-क्या है बसा,
पल, दिन, महीने, साल,
सब इसमें समा गए।

कभी जनवरी की 'पतंग' से,
अरमान लहराए,
कभी फरवरी के 'गुलाब' से,
मन महकाए,
तो कहीं मार्च की
गुनगुनी धूप सा कोई हँसा,
पल, दिन, महीने, साल,
सब इसमें समा गए।

अप्रैल के पन्नों में,
मिलन और जुदाई के रंग,
मई-जून में तपते-निखरते,
जाने कितने संग,
तो कहीं जुलाई की आस में,
दिल कोई तरसा,

पल, दिन, महीने, साल,
सब इसमें समा गए।

अगस्त-सितंबर में,
मन मयूर बन थिरके हैं,
अक्टूबर-नवम्बर में,
आँखों से आँसू भटके हैं,
तो कहीं दिसंबर की
अंगड़ाई में कोई फँसा,
पल, दिन, महीने, साल,
सब इसमें समा गए।

इस ढाई आखर में,
न जाने क्या-क्या है बसा,
पल, दिन, महीने, साल,
सब इसमें समा गए।

ढाई आखर... Adhoora Hokar Bhi Poora